अनकही बातें

डॉ. ऐश्वर्या पात्र

कभी कभी ऐसा लगता है की बहुत कुछ है कहने को मगर कोई सुनने वाला नहीं है।ये किताब उन्हीं अनकही बातें, सीने में दबी जज़्बातों के बारे में है।ये पुस्तक प्रेम,धोखा,मां बाप,जिंदगी,प्रेरक और विविध गजलों का संकलन है।लेखिका ने सामाजिक मुद्दे जैसे दहेज प्रथा,गरीबी, धर्म विवाद पर प्रकाश डालने की कोशिश की है।इन सभी हृदयस्पर्शी चित्कारों को लेखिका ने पन्नों पर शायरियों के रूप में जीवित किया है और 'अनकही बातें' का निर्माण किया है जो निश्चित ही पाठकों को बहुत पसंद आयेगी।अगर एक भी पाठक तक 'अनकही बातें' के बात पहुंचे तो लेखिका अपनी इस छोटी सी प्रयास को सार्थक समझेंगी।।

मेरी उमर से मेरे अनुभव का
अंदाजा न लगाना,
मैं एक जिंदगी भर का
तजुर्बा रखती हूं,
खुद का मोल जानती हूं;
शायद इसीलिए हमेशा सबसे ऊपर
अपने आप को रखती हूं।।

क्रम-सूची

क्रम-सूची

क्रम-सूची

बेवफाई

क्रम-सूची

क्रम-सूची

मां-बाबा

क्रम-सूची

मर्द

औरत

जिंदगी

क्रम-सूची

क्रम-सूची

प्रस्तावना

कभी कभी ऐसा लगता है की बहुत कुछ है कहने को मगर कोई सुनने वाला नहीं है।ये किताब उन्हीं अनकही बातें, सीने में दबी जज़्बातों के बारे में है।ये पुस्तक प्रेम,धोखा,मां बाप,जिंदगी,प्रेरक और विविध गजलों का संकलन है।लेखिका ने सामाजिक मुद्दे जैसे दहेज प्रथा,गरीबी, धर्म विवाद पर प्रकाश डालने की कोशिश की है।इन सभी हृदयस्पर्शी चित्कारों को लेखिका ने पन्नों पर शायरियों के रूप में जीवित किया है और 'अनकही बातें' का निर्माण किया है जो निश्चित ही पाठकों को बहुत पसंद आयेगी।अगर एक भी पाठक तक 'अनकही बातें' के बात पहुंचे तो लेखिका अपनी इस छोटी सी प्रयास को सार्थक समझेंगी।।

मेरी उमर से मेरे अनुभव का

अंदाजा न लगाना,

मैं एक जिंदगी भर का

तजुर्बा रखती हूं,

खुद का मोल जानती हूं;

शायद इसीलिए हमेशा सबसे ऊपर

अपने आप को रखती हूं।।

पावती (स्वीकृति)

मैं अपनी किताब 'अनकही बातें' को अपने पिता श्री दिगंबर पात्र को समर्पित करती हूं।

पापा हमेशा से ही मेरे सबसे अच्छे मित्र रहे हैं।बचपन से ही प्रतिदिन १० नए शब्द सीखने की आदत मुझमें पापा ने ही डाली है।खिलौने के वजह वो हमेशा मेरे हाथ में चंपक या चंदामामा ही देते थे।शायद यही वजह है की मुझे पढ़ने का बेहद शौक है।

एक मध्यबित परिवार में जन्मे पापा ने जिंदगी में बहुत उतार चढाव देखे हैं लेकिन कभी हमें किसी चीज की कमी महसूस होने नहीं दी।पापा हमेशा कहते हैं "अपनी पूरी जिंदगी बेच कर तेरे सारे सपने सच कर देंगे,बेटा तू बस ख्वाब बड़े देखना।"

मेरे और भाई के सारे पुरस्कारों को हॉल में सजाते वक्त उनके चेहरे पर खुशी के आगे मेरी पूरी जिंदगी न्योछावर है।

जिस मजबूत नींव पर टिके हैं पैर मेरे,

वो कुछ और नहीं मेरे पापा के कंधे ही हैं।

लव यू पापा।

लेखक के बारे में

डॉ ऐश्वर्या पात्र ओडिशा के भद्रक शहर की रहने वाली हैं।एमबीबीएस के बाद दो साल सरकारी अस्पताल में मेडिकल ऑफिसर की कार्य निभाने के बाद अभी अपना पोस्ट ग्रेजुएशन उत्तर प्रदेश में कर रही हैं।

उनको बचपन से ही पढ़ने और लिखने का सौक है। डॉ ऐश्वर्या बीएसजी में राष्ट्रपति श्रीमती प्रतिभा पाटिल जी से पुरस्कृत हैं।स्कूल और कॉलेज में राज्य और जिले के वाद विवाद,सेमिनार और कविता आदि प्रतियोगिताओं में ये एक परिचित चेहरा रही हैं।

ये भले ही उनका पहला किताब है लेकिन अख़बार और पत्रिका में इनकी रचित शायरी और कविताओं को बहुत सराहा गया है।ये प्रेरणा ही उनको ये किताब लिखने की हिम्मत दी है।

जुबान नहीं अल्फाजों से
मैं अपना तखय्युल रखती हूं,
मयकादा की जरूरत नहीं मुझे;
मैं तो अपने कलम से ही
खंजर का काम करती हूं।।

मोहब्बत

1. तुम्हारे बिन

तुम्हारे बिन मेरी कोई शाम नहीं ढलती

तुम्हारे यादों का बादल,इन आंखों से नहीं हटती

तुम्हारे बिन तो मेरी रातों की

बस दो ही किस्से हैं,

कभी हिचकी नहीं रुकती

कभी सिसकी नहीं रुकती।।

2. इश्क का गुनाह

ऐसा करते हैं
रातों को ख्वाबों में
मिलने के वजह,
कल से हकीकत में
गुफ्तगू करते हैं;
चल एक बार फिर से हम,
इश्क का गुनाह दुबारा करते हैं।।

3. बेइंतहा

बेइंतहा चाहत के नाम पर
मोहब्बत का रोज़ सौदा करते हो;
अपने जिस्म की भूख को भला
इश्क का नाम क्यों देते हो?

4. हीर-रांझा

तुम आओ तो बात बने
तुम चाहो तो साथ बने,
माना की हर देखा सपना
सच नहीं होता;
पर तुम इजाज़त दो तो हम
अजनबियों से हीर-रांझा बने।।

5. मुस्कुरा दो

थोड़ा सा मुस्कुरा दो
सुना है तेरी एक मुस्कान के आगे
लाखों शराब फीके हैं,
अपनी नशीली मुस्कुराहट से
जरा मुझे भी जाम पिला दो;
बड़े अरसों के बाद आज
मयखाना जाने का दिल कर रहा है।।

6. मोहब्बत में

मोहब्बत में हम तेरे काबिल न हुए
तेरे कश्ती के हम साहिल न हुए,
Tu जन्नत भी है और जहन्नुम भी;
शुक्र है तेरे इरादों से हम वाकिफ थे,
शायद इसलिए हम कभी
तेरे रंजिशों का शिकार न हुए।।

7. अधूरे ख़्वाब मेरे

अधूरे ख़्वाब मेरे
जाने कब का गुमसुदा हो गए;
जो हर लम्हा मैंने तेरे,
मासूम सी रूहानियत और
होठों पे मुस्कान देखा,
मेरे दिल के हर एक आरजू;
मुकम्मल से हो गए।।

8. चांद की मोहब्बत

चांद की मोहब्बत में
अनगिनत सितारों का दिल तोड़ा है,
एक रस-के-कमर के खातिर;
न जाने कितने जान-ए-अदाओं
को मायूस किया है।।

9. कमबख्त दिल

कई दिनों से
सोया नहीं हूं रात को,
नींद जो मुझसे रूठा है;
वो मुझे एक बार देखते भी नहीं हैं,
और ये कमबख्त दिल,
बस उसी के आंखों में;
उम्र भर रहने की
ज़िद्द पे अड़ा है।।

10. जिक्र करते हैं

वो जिसे हम पसंद करते हैं
हर एक गज़ल की
हर एक हर्फ में,
बस उसी के नूर का
जिक्र करते हैं।
खुद के लिए तो नहीं,
बस उसकी खुशी के लिए
खुदा से रोज़ इबादत करते हैं।
हां वो बात और है की
वो मेरे वजूद से नावाकिफ;
किसी और पर जानिसार करते हैं।।

11. मुंतजिर बना गई

हिजाब में रहकर भी
वो मेरा सरेआम कत्ल कर गई,
कोई उनके आंखों पर भी फतवा दे;
जालिमा बस एक ही नजर में,
मेरे मासूम सी कल्ब को,
उनके कातिल आंखों की
मुंतजिर बना गई।।

12. अल्लाह का ख्वाबीदा

मेरी दुनिया बदल के रख दी
उस महजबीं से
बस एक मुलाकात ने,
मुझे काफ़िर से
अल्लाह का ख्वाबीदा
बना कर रख दी।।

13. सांसों की रूहानियत

काश तुम समझ पाते

मेरे दिल के जज़्बात,

मेरे अस्कों का गुरूर,

मेरे इश्क की अजमत,

मेरे होठों की इबादत,

मेरे सांसों की रूहानियत

और फकत तुझसे कुर्बत होने की

मेरी मुसलसल सिद्दत।।

14. दिल की आवाज

देर कर दी तुमने
अपना इश्क जाहिर करने में।
बहुत देर लग गया तुम्हें,
अपनी जिंदगी सवारने में।
कैसे दूं मैं तुम्हें और एक मौका!
जब तुम्हें एक अरसा लग गया;
अपने दिल की आवाज सुनने में।।

15. मैंने अरसों से

तेरे माथे की एक सिकन के खातिर,
मैं पूरे कायनात से
लड़ने चला था;
मलाल तो अब सिर्फ खुद से है;
बस तेरा ही सजदा करने के लिए,
मैंने अरसों से
नमाज पढ़ना और
आजान सुनना तक छोड़ दिया था।।

16. सजदा

तुझको सोचूँ तो
दिल कुछ और सोच ही नहीं पाता,
कमबख्त ऐसी भी क्या बेवफाई
कि ये धड़कन मेरे होकर भी;
सजदा बस तेरा ही करते हैं,
शायद तेरे अलावा
किसी में भी इन्हें,
खुदा का चेहरा
नज़र ही नहीं आता।।

17. किताब बन गए

जाने कब तुम सायरी से
पूरा गज़ल बन गए,
जिंदगी के एक पन्ने से
पूरी किताब बन गए।।
मैं तुम्हें पढ़ती रही
आयात की तरह;
और न जाने कब तुम
रिवायत से जन्नत बन गए।।

18. कातिल नज़र

दिल धड़क के रह गया
सांसे एक पल के लिए थम गया;
कायनात की ये कोई रंजिस थी शायद
जब रहनुमा की कातिल नज़र
भरी अंजुमन में,
मुझ जैसी नाचीज़ पर
आ कर रुक गया।।

19. मशहूर मधुशाला

दिल में उतर गई है रात

आफताब में कहां है,वो चांद वाली बात!

तेरे जुल्फों से मेरे दिन को

यों रात कर जाना,

तेरे उल्फत से मेरे जिंदगी को

एक मशहूर मधुशाला बना देना,

हर लम्हा,हर एक हर्फ,

अब बहुत चुभता है;

तुझसे बिछड़ने के बाद

ये दिन मुझे अब और कहां भाता है।।

20. शायद

शायद मेरे दिल का
वो कसीर हो रहा था,
उसकी महज एक झलक से
तेरे तसव्वुर रूहानी हो रहे थे,
उसके साथ गुजारे हर एक लम्हा
अब सुहानी हो रहे थे;
किसी महजबीन पे ये दिल
जा निसार हो रहा था,
बेखुदी में ये कल्ब आभसार हो रहा था,
शायद मुझे प्यार हो रहा था।।

21. जिंदा हैं हम

तेरी खुशबू में जी रहे हैं हम
तेरी अश्कों को पी रहे हैं हम,
तू ही मेरी मंदिर है
और तू ही मेरी दरगाह;
अब तो ये पूरी कायनात
को भी इल्म है कि
तेरी सांसों की बदौलत ही,
जिंदा हैं हम।।

22. बस कुछ पल में तुम

बस कुछ पल में तुम,
दिल के इतने अजीज़ हो गए;
चंद मुलाकातों में,
आप से तुम और
तुम से तू हो गए;
मेरी आंखें तो सुबह शाम
बस तेरा ख्वाब बुनती रही;
और जाने कब तुम
महज एक शहर से,
पूरी कायनात बन गए।।

23. वो अजनबी था

वो अजनबी था मगर
उसका आशियाना
मेरे दिल में था;
वो फरिश्ता तो था मगर,
उसे जन्नत की नूर से ज्यादा
मेरे बाहों में सुकून था।।

24. शिकायत होने लगी है

अब मुझमें मुझसा कहां है कुछ
हर मंजिलत में तेरे ख्वाबों का पहरा है;
आजकल तो आईने से भी
शिकायत होने लगी है,
की ढूंढता हूं उसमें खुद को,
और दिखता तेरा चेहरा है।।

25. चले आओ

चले आओ
मेरे ख्वाबों की जहान से,
मेरे हकीकत की कायनात में।
चले आओ!
चंद लम्हों की मुलाकात से,
मेरी हर एक मरतबा में।
चले आओ!
मेरे दिल की दरगाह से,
मेरी रूह के मंदिर में।।

26. इश्क का गुनाह

ऐसा करते हैं
रात को ख्वाबों में
मिलने के वजह,
कल से हकीकत में
गुफ्तगू करते हैं;
चल एक बार फिर से हम,
इश्क का गुनाह दुबारा करते हैं।।

27. सौदा

इस बार सौदा
थोड़ा सादा करेंगे,
इकरार करेंगे
मगर आधा करेंगे।।

28. हसीन ख़्वाब

हमारी बस चलता तो
तुम्हारे अमावस में चांद हो जाते
हमारी बस चलता तो
तुम्हारे प्यार का सैलाब बहा देते
है नहीं मेरे बस में ये वरना
तुम्हारे नींद में दाखिल होकर
दुनिया की सबसे हसीन ख़्वाब बन जाते।।

29. इतना क्यों याद आते हो

कुछ खबरी भी है तुमको
कितनी दफा ख्वाबों में आते हो!
हर पल,हर एक लम्हा,
यादों से अपना सताते हो;
मेरे सांसों से मेरे रुह तक,
हर मंजिलत में तुम्हारा आशियाना है;
आकर ज़रा समझा भी जाओ जनाब
भला इतना क्यों याद आते हो?

30. तेरे काबिल

मोहब्बत हम तेरे काबिल न हुए
तेरे कश्ती के हम साहिल न हुए,
तु जन्नत भी है और जहन्नुम भी;
शुक्र है तेरे इरादों से हम वाकिफ थे,
शायद इसलिए हम कभी
तेरे रंजिशों का शिकार न हुए।।

31. धरती पर फरिश्ता

बुलाती है
मगर जाने का नईं,
धरती पर फरिस्तो से
दिल लगाने का नईं।।

32. वो हिंदू मैं मुसलमान

कुछ ऐसी गुनाह थी हमारी,
की सारी दुनिया हमारे
इश्क के ख़िलाफ़ थी,
मैं पांच नमाज़ी मुसलमान था
और वो पंडित जी की बेटी थी।।

33. खुद को भुलाया है

इश्क में तो साहब
क्या कुछ नहीं किया है,
अरे मैंने तो जीते जी
खुद को मारकर
अपना लाश तक खुद जलाया है;
क्या अजीब दास्तान है इश्क की
मैंने दुशरों के खातिर
खुद को भुलाया है।।

34. क्या तुम जानते हो?

तुम्हें इश्क चाहिए
पर क्या इसे निभाना जानते हो,
तुम्हें हमसफर चाहिए
पर क्या बिना गलती के
झुक जाना जानते हो;
चलो मान लिया की
अपनी दिल की डोर
थमा दूं तुम्हारे हाथों में;
पर जरा सच बताना
क्या तुम इसे
मुझसे बेहतर जानते हो।।

35. मोहब्बत की सताई

दुनिया की बुराइयों से अनजान
तुम बड़ी मासूम लगती हो,
इश्क की दुनिया से
अलग ही रहती हो,
जाने क्यों तुम मुझे
मोहब्बत की सताई लगती हो।।

36. जिस्मों की कीमत

हरे एक रिश्ता अब
मतलब से निभाई जा रही है
की नाम इश्क का देकर
जिस्मों की कीमत लगाई जा रही है।।

37. इश्क से आजाद

चलो आज तुम्हें अपने
इश्क से आजाद करते हैं,
बहुत कर चुके
अपने आपको बरबाद,
चलो आज थोड़ा
खुद को आबाद करते हैं।।

38. बागी

प्यार के लिए
परिवार नहीं छोड़ा,
तो मैं बेवफा हो गई;
और प्यार के खातिर
घर छोड़ दिया,
तो मैं बागी बन गई!!!

39. उसकी कातिल आंखें

शराब को तो लोग
यूं ही बदनाम करते हैं,
वरना उसके कातिल आंखो का जाम
रोज सौ मरतबा पीने के बावजूद,
मैं अभी तक जिंदा न होता।।

40. यादों का पिंजरा

ये जो तुम हर बात पे रूठके,
रिश्ते तोड़ने की
बात करती हो ना,
खुद तो पूरी रात
तकिया भिगोती हो;
मुझे भी अपने
यादों के पिंजरों से,
कहां रिहा करती हो!

41. तड़प रहा हूं

जितना तुझसे दूर जाना चाहूं,
उतना ही तेरे यादों में
तड़प रहा हूं;
लाख कोशिश कर ली
फिर भी ना जाने क्यों
में तुझसे,
नफरत नहीं कर पा रहा हूं।।

42. गिले सिकवे

तुझसे बात तो नहीं करनी
पर बात तेरी ही करनी है,
गिले सिकवे तो बहुत हैं;
पर तुझे गले लगाकर
मुझे तेरी शिकायत,
तुझसे ही करनी है।।

43. मेरा चांद

मुदत्तों बाद मेरी आंखों में
चमक आया है,
कोई सूरज से कह दो
आज जरा देर से आए;
की ख्वाबों में मुझसे मिलने
मेरा चांद आया है।।

44. जान

उससे मिलने की रब से
रोज़ फरियाद करते हैं,
की मिल जाती है जब नजरें उससे
उसकी गहरी आंखों में हम
अजान पढ़ते हैं,
मोहब्बत तो हम उससे
बेशुमार करते हैं;
और जो जान लेकर गई हमारी
हम आज भी उसे अपनी जान कहते हैं।।

45. भुला ना दूं

डर लगता है
कहीं में उसे गलती से
रुला न दूं,
सजदे में तो रहूं
पर कहीं खुदा के जगह
उसका नाम बुला न दूं,
चाहता तो हूं मैं
बेशुमार उसको,
मगर डर लगता है
कहीं इस चाहत में
मैं खुद को भुला ना दूं।।

46. कभी तो आयेगा

कोई तेरे लिए भी आयेगा
कोई तेरे लिए भी सपने सजाएगा
जिसकी तुझे है बेसब्री से इंतजार
वो कल कभी तो आयेगा।।

47. मौसम-ए-बहार

तू आती है सबनम की तरह
खिलती है मौसम-ए-बहार की तरह
बहती है सैलाब की तरह
और मिलती है इनायत की तरह।।

48. रूह में उतर गया है

अगर तू ख्वाब होता
तो सपने देखना छोड़ देती मैं
पर तू तो खुशबू बनके
मेरे रूह में उतर गया है
अब अपनी सांसों को रोकू कैसे???

49. मुंतजिर

नायब है तेरी नूर
इसलिए है तू मगरूर
जमाना जानता है की
तेरी एक झलक के खातिर
मैं हूं बरसों से मुंतजिर
यूं ही नहीं है तू मशहूर।।

50. होटों की जाम

सुना है महसर में
वो इश्क की सौदा करते हैं
मनशियत से नहीं
होटों की जाम पीला कर
वो आंखों से कत्ल करते हैं।।

51. मेरे नाम का सिंदूर

तेरे मांग पर जब
मेरे नाम का सिंदूर होगा,
तब देखना तुम्हारे चेहरे पर
एक अलग ही नूर होगा;
चांद सितारों की वादें
तो नहीं कर सकता
पर तब देखना,
मौत भी मुझसे बिना टकराए
तुम तक न जा पाएगा।।

बेवफाई

52. कश्मकश जिंदगी की

ताउम्र साथ निभाने का कसम
पहले वो खाई थी,
आज तोड़ भी पहले
वो रही थी;
मेरे दिल के करीब
पहले वो आई थी,
और आज छोड़ भी पहले
वो ही रही थी;
ये कश्मकश भी क्या अजीब है जिंदगी की!
मैं सजदे में बस उसे ही मांगता रहा
जो अपने हर बंदगी में,
मुझसे बिछड़ने की दुआ मांग रही थी।।

53. मेरा जुर्म

आखिर मेरा जुर्म था क्या
भला मेरी खता थी क्या?
मुसलसल तुम्हें बेपनाह चाहा,
तुम्हारी एक मुस्कान के खातिर
न जाने कितने होली बेरंग जिया,
अपने रब को भुलाकर
तुम्हें अपना खुदा बनाया,
अब तो बस हमें ये बता दो की
तुम्हें इतना टूट कर चाहने के लिए,
रकीब से दिल्लगी करने की
सजा हमें सुनाया क्या?

54. तुम्हें भुला दूंगी

थोड़ा थोड़ा करके
मैं तेरी सारी यादों
को भुला दूंगी,
बस थोड़ा सब्र तो कर;
इसी जनम में ही,
मेरी सांसों में बसी
तेरी रूह को भी निकाल दूंगी।
हां तेरे तोहीन के बदौलत,
सिर्फ तेरा चेहरा ही नही
मेरी हयात से,
मैं तेरी तमाम
अस्तित्व को ही मिटा दूंगी।।

55. वजह

कोई वजह तो होगी
तुम्हारा हमसे नाता तोड़ने की
वरना दरगाह पर तो तुम अक़सर,
सजदे में
खुद से पहले,
मेरा जिक्र किया करती थी।।

56. मोहब्बत का सौदा

हमसे न हो सका
तुम्हारे बाद,
किसी और से दिल्लगी करना;
हमें अब भी कहां आती है
तुम्हारी तरह;
मोहब्बत का रोज सौदा करना।।

57. जन्नत के सपने

छुपते फिरते रहे
हर एक अश्क को छुपाते रहे,
जिनके यादों को हम
पन्नों पे उतारते गए;
वो शक्स किसी और के आंखों में
जन्नत के सपने थे सजा रहे।।

58. दरमियान

कितना नजदीक था वो
की मेरी सांसें उसकी रूह तक
को पहचानती थी,
मगर आज हमारे बीच इतनी दरमियान हैं
की उसका जिक्र होने पर भी,
जिन आंखों में उसका आशियाना होता था,
आज वो उसकी एक झलक के लिए
भी नहीं मुड़ती।।

59. तुम्हें दिखाना तो था

तुमसे मिलना तो था
तुमसे मिली धोखे का कर्ज
उतारना तो था।
मुझसे बेइंतहा मोहब्बत करने वाला
खुदा जैसी रकीब से
तुम्हारा मुलाकात करवाना तो था।
और तुम्हारी हर इल्जाम की पत्थर से,
मेरी नखासी संगमरमर;
तुम्हें दिखाना तो था।।

60. किसी और के बाहों में

आंसू छुपा लिए थे
गम भुला दिए थे,
जिन्हें हम रोज सुनते थे
आजान की तरह;
जब उन्हें हमारे तसव्वुर को
महज सिफ़र बताकर,
किसी और के बाहों में
मकबूल होते हम देख लिए थे।।

61. हमारे बिछड़ने से

आंखे उसकी भी नम थीं
बातें उसकी भी कम थी,
ये ठंड दोपहर में बारिश यूं ही नहीं थी,
हमारे बिछड़ने से सिर्फ अंबर ही नहीं;
आज तो ये धरती भी रोई थी।।

62. अब लौट के मत आना

अब लौट के मत आना
अपनी अनगिनत झूठे बहानों से,
मुझे समझाने की कोशिश मत करना।
दुबारा ऐसा नहीं होगा कहकर,
मुझे फिर से अपनी जिंदगी में मत बुलाना।
कभी तुम मेरे लिए सूरज हुआ करते थे,
आज तो में खुद आकाशगंगा बन चुकी हूं;
तुम अपने लिए दूसरी पृथ्वी ढूंढ लेना।।

63. वक्त अपना नहीं था

हमारी जुदाई में,
न तुम्हारी गलती थी
और ना ही हम गलत थे।
बस लड़ना हमें अपनों से था;
और वक्त अपना नहीं था।।

64. अदा करना होगा

इन आंसुओं की कीमत
और मेरे इंतजार का मोल,
एक दिन तुम्हें अदा करना होगा,
अब चाहे अनगिनत वजह बता दो
मुझसे अलग होने की;
एक दिन खुदा के दरबार पर
तुम्हें अपनी हर गलती का हिसाब देना होगा।।

65. इश्क की कत्ल

हमसे पहचानने में भूल हुई
तुम्हारी असलियत जानने में बहुत देर हुई,
मैं खुदा से पहले तुम्हारी सजदा करता रहा;
और तुम प्यार से मेरे इश्क की कत्ल करती रही।।

66. आज मलाल नहीं

आज मुझे मलाल नहीं
कि मेरे कलम ने
एक बेवफा को
बेनकाब कर दिया;
क्योंकि मुझे गवारा नहीं
मेरे पाक मुहोब्बत का ताउम्र,
दुनिया के सवालों का
मोहताज होना।।

67. कभी सोचा न था

कभी सोचा न था मैंने
किसी को इस कदर चाहेंगे;
वो प्यार से मेरा दिल तोड़ देंगे,
और हम इसे उनकी नादानी समझके
माफ कर देंगे।।

68. कसम उसके नाम का

हमको दुनियावालों ने
उसके यादों से कभी
मोक्ष पाने ही नहीं दिया,
की जिक्र चाहे
किसी भी बात की हो,
पर कसम हमेशा
उसके नाम का ही देते रहे।।

69. झूठ बोलना सीख गए

सब कहते हैं की
आंखें हमेशा सच बोलती हैं,
पता नहीं तेरी नजर कहां से
इतनी खुबसूरती से
झूठ बोलना सीख गए।।

70. अब बाकी है

निशान बाकी है
थोड़ा सा पायाब है मगर
दर्द अब भी बाकी है,
खुदा का चेहरा बदल गया है
बस मेरे रूह से,
उसके अस्तित्व को मिटाना
अब बाकी है।।

71. अमावस का चांद

मेरी जगह
चांद से बात कर लेना,
आखरी मुलाकात में
कुछ ऐसा कहा था उसने;
उस आफताब के बाद,
मेरी जिंदगी से अमावस ने
जैसे रिश्ता सा जोड़ लिया है,
अब कोई जरा
उससे पुछके तो बताए,
अमावस में दिखने वाला
उस चांद का पता।।

72. क्या जरूरी था!

क्या हमारा मिलना जरूरी था,
क्या मिलके यूं बिछड़ना जरूरी था,
मैं तो हर पल तुम्हें अपना खुदा मानता रहा;
मगर कुछ देर तुम्हारा दिल बहलाने के लिए
क्या मुझे मोहरा बनाना जरूरी था!!

73. फिक्र होती है

तुम्हारी फिक्र होती है
तुमसे भले ही बात नहीं होती;
मगर यारों के महफिल में
आज भाभी के नाम से
तुम्हारी जिक्र होती है।।

74. काश तुम समझ पाते!

काश तुम समझ पाते
मेरे दिल के जज्बात,
मेरे अस्कों का गुरूर,
मेरे इश्क की अजमत,
मेरे होठों की इबादत,
मेरे सांसों को रूहानियत
और फकत तुझसे कुर्बात होने की
मेरी मुसलसल सिद्दत।।

75. हम देख लिए थे

आंसू छुपा लिए थे
गम भुला दिए थे,
जिन्हें हम रोज सुनते थे
आजान की तरह;
जब उन्हें हमारे तसव्वुर को
महज सिफर बताकर,
किसी और के बाहों में
मकबूल होते हम देख लिए थे।।

76. कैसा तूफ़ान !

कैसा तूफ़ान है दिल में
कैसा वहशत है सीने में,
जिन्हें हम सांसों से
रूह में उतर दिए हैं;
न जाने कैसी बेरुखी है
उनके गिरेबान में!
जो आज वो सरेआम हमारा
तोहीन कर गए,
आगाज-ए-महफिल में।।

77. हमारी पहली मुलाकात

वो हमारी पहली मुलाकात याद है,
मुझे आज भी तेरी कही
हर एक बात याद है,
तूने तो बस कुछ पल में
लिबास की तरह रकीब बदल लिया;
मगर मुझे तो आज भी
मेरे कत्ल का समय और
मौका-ए-वारदात याद है।।

78. तुम्हारे बाद

तुम्हारे बाद
शाम तो नहीं ढलती,
मगर भोर
आज भी वही है।
थोड़ा सा पायाब है लेकिन
घाव तो अब भी वही है।
खुदा का चेहरा बदल गया है,
मगर बंदगी तो आज भी वही है।
आज तो ज़माने भर में मकबूल हूं मगर
इस अंजुमन में,
तेरी एक झलक के खातिर,
सांसों को तबाह करने का जुनून
आज भी वही है।।

79. बहुत चुभता है

दिल में उतर गई है रात
आफताब में कहां है,
वो चांद वाली बात!
तेरे जुल्फों से मेरे दिन को
यों रात कर जाना,
तेरे उल्फत से मेरे जिंदगी को
एक मशहूर मधुशाला बना देना,
हर लम्हा,हर एक हर्फ,
अब बहुत चुभता है;
तुझसे बिछड़ने के बाद
ये दिन मुझे अब और कहां भाता है।।

80. तेरी न मौजूदगी

कुछ कमी सी लग रही है
जिंदगी में कुछ तंगी से लग रही है,
दौलत सोहरत इज़्ज़त
आज सब कुछ तो हासिल है;
मगर एक तेरी न मौजूदगी से,
ला ब्रिज सैलाब भी
बंजर रेगिस्तान लग रही है।।

81. कसूर हमारा था

सारा दोष हमारा था
सारा कसूर हमारे
कमबख्त दिल का था,
जो हमें मुड़कर कभी देखते तक नहीं;
इतने बड़े कायनात में,
इसे तो बस उन्हें ही
अपना हमराज बनाने का
अलबत्ता जुनून था।।

82. सजा-ए-मौत

इश्क के शहर में भी
एक अदालत होना चाहिए
की दिल तोड़ने पर आजीवन कारावास
और आंखों से कत्ल करने पर
सजा-ए-मौत होना चाहिए।।

83. चंद लम्हों की मुलाकात

चंद लम्हों की मुलाकात पे
पूरी उमर यूं न जाया कर,
कुछ लोग लहरों से होते हैं;
एक बार जो तुम्हे छू जाए
तो दुबारा उसी किनारे पर
वापस लौट कर नहीं आते।।

84. खुद को खुदा समझते हो!

ज़रा सी बात पर
दिल तोड़ देते हो,
की जब मन किया बात किया
और जब मन किया छोड़ देते हो;
अरे इंसान ही हो,
अपनी औकात मत भूलो;
रब का रहमत कहा था तुम्हैं
तो अब क्या खुद को खुदा समझते हो!!

85. जिंदा हो रहा हूं

आज उसके जगह किसी और से
मिलकर आ रहा हूं मैं,
पूरा तो नहीं
मगर हां अब थोड़ा थोड़ा
उसके दिए जख्म से
उभर रहा हूं मैं;
हां आज फिर से
जिंदा हो रहा हूं मैं।।

86. खुद को भुलाया है

इश्क में तो साहब
क्या कुछ नहीं किया है,
अरे मैंने तो जीते जी
खुद को मारकर
अपना लाश तक खुद जलाया है;
क्या अजीब दास्तान है इश्क की
मैंने दुशरों के खातिर
खुद को भुलाया है।।

87. जिसके खातिर लिखता हूं

कभी तरसती थी वो
मिलने को मुझसे,
मगर अब मेरे साथ मुलाकात की
उसे चाह नहीं है;
आज तो शहर भर में
मशहूर शायर कहलाता हूं,पर जिसके खातिर
लिखता हूं ये नज़्में,
इस महफिल की इरशाद की शोर में
बस उसी की वाह नहीं है।।

88. उन दिनों की बात

रूठना मनाना कभी
रोज रोज का हिस्सा था,
ये तो उन दिनों की बात है
अब तो ये बस एक किस्सा है।।

89. इतनी उसकी औकात नहीं

हम उसे बेनकाब करें
ये हमारी फितरत नहीं,
वो हमें बेवफा कहे
इतनी उसकी औकात नहीं।

90. नफरत नहीं कर पा रहा हूं

जितना तुझसे दूर जाना चाहूं,
उतना ही तेरे यादों में
तड़प रहा हूं;
लाख कोशिश कर ली
फिर भी ना जाने क्यों
में तुझसे,
नफरत नहीं कर पा रहा हूं।।

91. तेरी बेवफाई

तेरे हाथों से हम
जहर भी पी लें
ये नफ़रत फिर क्या चीज़ है,
तेरे आंखों की गहराई
और होटों की जाम को छोड़
हमें तो तेरी बेवफाई भी अजीज है।।

92. इनकार कर दूंगी

किसी रोज वक्त लेकर
आओगे जब मुझसे मिलने तुम
दिल को जरा मजबूत करके आना;
जानते हो शायर हूं
दो चार गज़ल
तुम्हारे नाम कर दूंगी,
भरी महफ़िल में
तुम्हें मैं नीलाम कर दूंगी,
दुनिया की तेजी रफ्तार में
मैं बहुत आगे निकल चुकी हूंगी;
हां उसी रोज मैं तुम्हें
पहचानने से इनकार कर दूंगी।।

93. हद से ज्यादा

चाहता तो नहीं
की तुझे बद्‌दुआएं दूं
पर क्या करूं
जहां मोहब्बत बेहिसाब होती है
वहां नफरत भी
हद से ज्यादा हो जाती है।।

94. अधूरे हम

तुम्हें सारी खुशियां मिले
मुझे मिले तेरे हिस्से के गम
तेरे यादों में इतना रोए
की अब आंसू भी लगते हैं कम,
लोग पूछते हैं इतना हिज़्र क्यों लिखती हूं;
अब ज़माने को कैसे बताएं,
जो हमारे बिना पूरे हैं
उन्ही के बिना अधूरे हैं हम।।

95. तुम्हारे खातिर

तुम्हारे खातिर मैंने
अपना खयाल रखना तक छोड़ा है
फिर भी कितनी बेरहमी से
नजाने कितनी दफा
तूने इसी दिल को तोड़ा है।।

96. वक्त लगता है

वक्त लगता है
ज़ख्म भरने में
वक्त लगता है
लोगों को पहचानने में
कुछ लोग तो आधी मंजिल पर ही
हाथ छोड़ देते हैं
और कुछ लोगों की
पूरी उमर बीत जाती है
सच्चा प्यार भुलाने में।।

97. तेरा नाम नहीं लूंगा

ज़िक्र तेरा हर बात पे करूंगा
तेरी रूहानियत को
हर नज़्म में लिखूंगा
तुझसे कुरब्त होने की रुकसार
खुदा से हर तलब मैं करूंगा
फिक्र न कर,तेरा नाम नहीं लूंगा।।

98. माफ कर देंगे

कभी सोचा न था मैंने
किसी को इस क़दर चाहेंगे
वो प्यार से मेरा दिल तोड़ देंगे
और हम इसे इनकी नादानी समझके
माफ कर देंगे।।

99. मुझसे हो न पाया

इजहार हो न पाया
इकरार हो न पाया
जिसको रोज ख्वाबों में देखते थे;
उसे किसी और के बाहों में
सपनों में भी देखना
मुझसे हो न पाया।।

100. इतने बदल जाओगे

रुला कर हमें
आंसू पोछने भी नहीं आओगे;
सपने में भी
सोचा नहीं था कभी,
की तुम इतने बदल जाओगे।।

101. किसी और से मुलाकात

बदले बदले से हो जनाब
ऐसी भी क्या बात हो गई,
क्या हमसे कोई गलती हुई
या किसी और से मुलाकात हो गई।।

102. मलाल

लोगों ने बहुत बेवफाई की
फिर भी किसी से मुझे नफरत नहीं
जिंदगी दो पल की है
कहीं कोई मलाल न हो;
की ये कहा नहीं
ये सुना नहीं।।

मां-बाबा

103. ख्वाबों का पता

सुना है बहुत
गुरूर है तुम में,
बहुत कुछ कमाए हो क्या?
वो सपनों को,
जो मां बाबा ने,
तुम्हारे परवरिश में
अपने अंदर कहीं दफना दिया है;
उन ख्वाबों का पता
कहीं से ढूंढ लाए हो क्या!

104. परिवार के उसूल

परिवार के उसूलों का,
वो कुछ इस क़दर
गला घोट रही थी;
की मां बाप को वजह बताकर
मोहतरमा दूल्हा बदल रही थी।।

105. भारी हो गई

अपनी खुशी के आगे
दूसरों की खुशी उसको प्यारी हो गई
की अपने लिए सोचने में
उससे बहुत देरी हो गई,
दूसरों के घर पे काम करके
परवरिस की थी जिसने;
आज वोही मां
अपने चारों बेटों पर भारी हो गई।।

106. पापा का हिसाब

हिसाब में पापा थोड़े कच्चे हैं
पता नहीं गणित में
कैसे टॉप करते थे,
बचपन से आज तक
मेरे एक मांगने पर
तो वो मुझे हमेशा
एक से ज्यादा ही दिलाते हैं।।

107. दहेज

उस शक्स के सीने से
न जाने क्या क्या तूफान गुजरता है,
अपना सबसे किमती अमानत को
दिल पर पत्थर रखकर देने के बाद भी;
जब उस बाप को
'दहेज में क्या दिए हो?'
का जवाब देना पड़ता है।।

108. रिश्ता नहीं देखा

अपनी परछाई से वफादार
दोस्त नहीं देखा,
मैंने मां-बाप से गहरा
कोई रिश्ता नहीं देखा।।

109. जिस्मों का कारोबार

यहां मां बाप के अलावा
भला कौन अपना होता है,
फ्रेंड्स फॉरएवर कहने वाला दोस्त भी
गले लगाने के बहाने
खंजर घोंप देता है;
राम के देश में आज
रावण का ही राज चलता है,
मोहब्बत के नाम पर तो यहां
बस जिस्मों का कारोबार होता है।।

110. सरेआम नीलाम

दस्तक देते हाथ थके
राह देखते आंख रुके,
उस रोज औलाद शब्द नहीं
पूरी इंसानियत ही मर गई थी;
जब नौ महीने पेट में
और सारी उमर कंधे पर
बिठाने वाले मां बाप का,
चार चार बेटे तवज्जो ना कर सके,
उस दिन उन दरिंदों के हाथों खुदा
थे सरेआम नीलाम हो चुके।।

111. धरती पे पारिजात

उतनी मेरी औकात कहां की
मां के बारे में लिख पाऊं,
उस देवी की वर्णन के लिए
इतने अल्फाज़ कहां से लाऊं?
मेरी तो हर एक सांस,
उसकी दुआ से चलती है;
उसे अर्पण करने के लिए,
धरती पे पारिजात कहां से लाऊं?

112. ब्रुधाश्रम

कंधों पे चोट है उसकी
पर तुम कंधा अपना ही दवाते हो,
जब बाप बूढ़ा हो जाए
तो उसे वृद्धाश्रम भेज देते हो;
फिर भी बेशर्मों की तरह
खुद को श्रवण कुमार बताते हो,
अरे! तुम्हें जहन्नुम भी कहां हासिल होगी
जो तुम अपने खुदा को रोज रुलाते हो।।

मर्द

113. हमदर्द कैसा!

जो वादे न निभाए
वो मर्द कैसा!
एक नामर्द के जाने से
फिर ये दर्द कैसा!
खुशियों में तो साथ रहे मगर;
गम में जो साथ छोड़ जाए
वो हमदर्द कैसा?

114. हर शक्श रावण नहीं होता

छोड़ देता है वो रास्ता
अक्सर औरत के लिए,
हर मर्द रास्ता
रोकने वाला नहीं होता,
हां माना की ये कलयुग है;
पर इस ज़माने में राम भी होते हैं,
हर शक्श रावण नहीं होता।।

115. क्या उसे दर्द नहीं होता

अस्कों को अपनी आंखों से
कभी गिरने ही नहीं देता,
मुस्किल चाहे जितना भी हो
वो कभी अपने माथे पर
सिकन तक आने नहीं देता,
जाने किसने उसे के दिया की
मर्द नहीं रोता;
अरे वो भी तो इंसान है,
क्या उसे दर्द नहीं होता?

116. सहना जानता हूं

मैं बेगुनाह होने पर भी
सज़ा पाता हूं,
मैं मर्द हूं जनाब;
हर दर्द को खामोशी से
सहना जानता हूं।।

औरत

117. हमारे घर बेटी हुई है

हिंदू मुस्लिम के नाम पर
लड़ रहा है इंसान यहां,
की तुम्हें बनाकर
पछता रहा होगा खुदा भी वहां,
कहने को तो लड़कियों को
घर का लक्ष्मी कहा जाता है;
पर जो खुशी बेटे की पैदाइशी में है,
वो हमारे घर बेटी हुई है में कहां।।

118. दो दो घर

कहने को तो
उसके दो दो घर थे
मगर पराई तो वो
दोनों के लिए ही थी।।

119. फुरसत

कहा जाता है भगवान ने
बड़े फुरसत से
औरत को बनाया;
मगर इत्तेफाक तो देखो
खुदा ने उसके ही किस्मत में,
फुरसत लिखना भूल गया।।

120. बेटी का प्यार

बेटी वो आशीर्वाद है
जो नसीब वालों को मिलती है,
वैसे तोसब कुछ खरीद सकते हो पैसे से
मगर बेटी का प्यार बाजार में कहां बिकती है।।

121. जुल्म सहते हो क्यों

जुल्म सहते हो क्यों
अपने ख्वाहिशों का रोज़
गला घोंटते हो क्यों?
जिनकी हर एक अमल,
प्रतिक्षण तुम्हारे जामिर को चोट पहुंचाए;
कार्ड शब्द को शर्मिंदा करने वाले
ऐसे रावण जैसे नामर्दों को,
राम का दर्जा देते हो क्यों?

122. अब गोबिंद न आयेंगे

और कब तक इन हेवानों की हवस से
औरतें रोज अपनी इज्जत गवाएंगे,
सुनो द्रोपदी! शस्त्र उठा लो;
अब गोबिंद ना आएंगे।।

जिंदगी

123. मैंने देखा है

मैंने जिंदगी को
बड़े करीब से देखा है,
मैंने मुर्दों पर चद्दर
और गरीबों को
जर्द रातों में,
ठंड से मरते देखा है।।

124. रोटी

कभी खुशी से आंखों में
आंसू आता है,
तो कभी गम में भी
मुस्कुराना पड़ता है,
ये जिंदगी है साहब,
यहां किसी को
दो वक्त की रोटी नसीब नहीं होती
और कोई डायटिंग के चलते
दो से ज्यादा रोटी नहीं खाता।।

125. जिंदगी जीने का हुनर

जिंदगी जीने का हुनर
बहुत कम लोगों को ही आया
जिसने सिख लिया वो सिकंदर
जो हर गया वो लूजर।

126. जिंदगी का सफर

कुछ साथी सफर में छूट गए
तो कुछ सफर में जुड़ गए,
जिंदगी का सिलसिला कुछ यूं चलता गया;
कभी हम रिश्ते निभा नहीं पाए,
तो कभी दूसरों ने रिश्ता
निभाना नहीं चाहा।।

127. जिंदगी से इतवार

जिंदगी फुर्सत तो दे जरा
रोज की कठिन अनुभूतियों से
इतवार तो दे जरा;
अरसे हो गए हैं खुद से बात किए हुए,
हाल ए दिल पूछने का,
वक्त तो दे जरा।।

128. मौत को गले लगाने निकली

जिंदगी तू भी बेवफा निकली
गैरों की तरह तू भी खुदगर्ज निकली,
सौ नाकामियों,अनगिनत चुनौतियों से
हर मरतबा आगाज़ करवाती रही;
कभी रब के नाम से तो कभी
तसव्वुर के उल्फत से,
मुझे गौहर बनाती गई;
जब महसूस होने लगा कि मंजिल -ए- मकसद
अब हासिल सा हो गया है;
तब एक पल भी न ठहरे,
तू मौत को गले लगाने निकली।।

प्रेरणा

129. खुद लड़ रहे हैं

घर से निकल गए हैं
जिंदगी की कश्मकश में,
बचपन को कहीं पीछे छोड़ आए हैं।
जो अरसा गुजर दिए मां बाप;
हमें एक अच्छी जिंदगी देने के खातिर,
उन्हीं वो उम्र लौटाने के लिए,
रोज अपने जामीर से
खुद लड़ रहे हैं।।

130. तेरे इशारे पर

मेहनत कर
सफलता तेरी कदम चूमेगी;
वो पल दूर नहीं जब
तेरी एक इशारे पे,
पूरी ये कायनात झूमेगी।।

131. लक्ष्य

एक लक्ष्य बांध ले
एक बात ठान ले,
और उसे पाने के काविश में
अपना सब कुछ कुर्बान कर दे;
फिर उस मुकाम को कामिल कर,
बा दस्तुर अपने हयात से गले लगा ले।।

132. हयात की मोल

मन की खिड़की खोल
पहचान अपने हयात की मोल,
बहुत किमती पल जाया किया है
बेवफाओं से दिल्लगी करके;
कभी अपनों के लिए सजदा करके
उनके सामने भी अपने नफ्स की बातें खोल।।

133. भीड़ नहीं बनना

मन की खिड़की खोल
पहचान अपने हयात की मोल,
बहुत किमती पल जाया किया है
बेवफाओं से दिल्लगी करके;
कभी अपनों के लिए सजदा करके
उनके सामने भी अपने नफ्स की बातें खोल।।

134. जलना सिख

मन की खिड़की खोल
पहचान अपने हयात की मोल,
बहुत किमती पल जाया किया है
बेवफाओं से दिल्लगी करके;
कभी अपनों के लिए सजदा करके
उनके सामने भी अपने नफ्स की बातें खोल।।

135. मौत से पहले मरना

मन की खिड़की खोल
पहचान अपने हयात की मोल,
बहुत किमती पल जाया किया है
बेवफाओं से दिल्लगी करके;
कभी अपनों के लिए सजदा करके
उनके सामने भी अपने नफ्स की बातें खोल।।

136. मिट्टी में मिल जाएंगे

किरदार निभाने आए हैं
किरदार निभा कर जाएंगे,
किस बात की घमंड है मेरे यार!
मिट्टी से बने हैं और एक दिन;
उसी में मिल जाएंगे।।

विविध/मिश्रित

137. उस्सूलों से समझौता

कुछ इस तरह भी
अपने उस्सूलों से,
मुझे यूं समझौता करना पड़ा;
की गलती गैरों के होने के बावजूद,
हमेशा हमें ही
माफी मांगना पड़ा।।

138. महफिल की भीड़

कुछ इस तरह भी
अपने उस्सूलों से,
मुझे यूं समझौता करना पड़ा;
की गलती गैरों के होने के बावजूद,
हमेशा हमें ही
माफी मांगना पड़ा।।

139. धर्म की भाषा

तुम चाहे मंदिर बनालो
या बनालो मस्जिद
अपने पेट के लिए ये गरीब
अंदर दुआ नहीं साहब
बाहर भिक ही मांगेगा
भूखे इंसान को कहां ये
धर्म की भाषा समझ आती है।।

140. मोहब्बत की सताई

दुनिया की बुराइयों से अनजान
तुम बड़ी मासूम लगती हो,
इश्क की दुनिया से
अलग ही रहती हो,
जाने क्यों तुम मुझे
मोहब्बत की सताई लगती हो।।

141. कौन किसका है

यहां कौन भला किसका है,
मैंने तो मुश्किलों में
दोस्तों को बिछड़ता,
और काम आने पर
लोगों को,
कहां कहां से
रिश्तेदारी निकालते देखा है।।

142. टूटना पड़ता है

किसी की तरक्की के लिए
किसी को बिखरना पड़ता है;
की तुम्हारी दुआ
कुबूल होने के लिए भी
किसी एक सितारे को
टूटना पड़ता है।।

143. कमबख्त दिल

ये कमबख्त दिल का भी
अपना ही अदा है,
ये मरता भी उसी पर है
जो किसी और पे फ़िदा है।।
अपने आप को ही भूल गए
दूसरों को राह दिखाते दिखाते
हम अपनी ही राह भटक गए,
गैरों की फिक्र कुछ ऐसे की हमने
की दूसरों की तरक्की में
हम अपने आप को ही भूल गए।।

144. उलझे क्यों रहते हो!

खुद से खफा क्यों रहते हो
औरों से जुदा क्यों रहते हो,
ये जिंदगी तो बेवफा है यार;
इसको सुलझाने के लिए,
खुद में ही इतने
उलझे क्यों रहते हो!!

145. मुद्‌दतों के बाद

नदी के दो किनारे हम
खुदा की नखासी
मुस्तकबिल के,
दो खुबसूरत कल हैं हम;
मैं जमीन हूं और तुम फलक,
बैक वक्त इतने करीब होकर भी
सिद्‌धतों से,
मुद्‌दतों के बाद
एक दूसरे से मिल पाते हैं हम।।

146. खुद बनाना है

सीढ़ियों की ज़रूरत तो
उन लोगों को है,
जो बस अंतिम मंजिल पे
पहुंचना चाहते हैं;
मेरा लक्ष्य तो
वो आसमान है,
मुझे तो अपना रास्ता
खुद बनाना है।।
जो किया वोही पाया
अपना किया कराया है
जो किया है वही पाया है,
अमृत की उम्मीद क्यों रखते हो
जब बीज जहर का बोया है।।

147. मासूमियत

आईने से डर गए तुम
अपनी रूह के साथ मुलाकात से,
इतने बेचैन हो गए तुम!
ये फरेबी दुनिया में,
एक आईना ही सच्चा है;
चाहे कितना भी उससे नफरत करो
उसका दिल हमेशा बच्चा है;
लोग और गिरगिट जैसा
आईना कभी रंग नहीं बदलता,
चाहे कुछ भी हो हालात,
ये अपना मासूमियत नहीं छोड़ता।

148. एक अलग परिवार

दोस्त होते हैं
रब से बंदगी का उपहार,
अपने घर से दूर
एक अलग परिवार।
इनके तोहिन और तानों का सिलसिला,
कभी खत्म नहीं होता;
बेजार वक्त में भी कमबख्तों के
हंसी की आहट काम नहीं होता।
मतलब की दोस्ती तो,
हवा के झोंके से भी टूट जाते हैं;
सच्चे यारों का तो बात ही कुछ और है जनाब,
जन्नत से जहन्नुम और
शिकस्त से कब्रिस्तान तक
ये भला कहां अकेला छोड़ते हैं।।

149. मेरे अंदर

मेरे अंदर
अश्कों का एक
सैलाब बह रहा है;
मेरे बाहर
बस मेरा
मुस्कान दिख रहा है।।

150. आइने में रोज

वो जो आइने में रोज़,
सौ दफा खुद को निखारती हो;
क्या कभी अपने
जमीर में भी झांकती हो?
फुरसत मिलने पर
जरा तफसीली बयान करना,
क्या वो भी कामिल तौर से बेदाग है?
या उस पर भी मेकअप लगाती हो!

151. बस एक हिस्सा

एक भरी सैलाब का उसने
बस एक हिस्सा देखा है,
उसने तो आजतक सिर्फ
मेरी खामियां ही देखा है।।

152. बदनाम कर दिया

किसी भाई के बहन की इज्जत को
यूं सरेआम नीलाम कर दिया,
उसने तुम्हे इनकार कर दिया
सिर्फ इसलिए उससे बदनाम कर दिया?

153. इल्जाम बहुत हैं

जिंदगी पल दो पल की है
पर अरमान बेशुमार हैं,
जुर्म तो पता नहीं साहब
मगर इस दिल पे
इल्जाम बहुत हैं।।

154. खुद्दारी का सरहद

जिंदगी पल दो पल की है
पर अरमान बेशुमार हैं,
जुर्म तो पता नहीं साहब
मगर इस दिल पे
इल्जाम बहुत हैं।।

155. फर्क नहीं पड़ता

जब बहुत लोग छोड़ जाते हैं
तो इतना गम नहीं होता
किसी के जाने का,
दिल को आदत सी हो जाती है;
की अगर कोई करीबी भी बेवफा हो जाए
तो फर्क नहीं पड़ता।।

156. फिजूल

बहुत लोगों पे अपना कीमती वक्त
फिजूल में जाया किया है
मैंने अपना घर जलाके
दूसरों का घर आबाद किया है।।

157. नकचढ़ी से समझदार

ख्वाब का पीछा करते करते
जाने कहां से कहां आ गए।
टूटी पेंसिल और अधूरे होमवर्क से
टूटा दिल और अधूरे सपनों में घिर गए।
जिस मां से रोज झगड़ते थे,
आज उनकी एक फटकार के लिए तरसते हैं;
जिंदगी की भागदौड़ में जाने कब,
नकचढ़ी से समझदार बन गए।।

158. उम्र लौटाने के लिए

घर से निकल गए हैं
जिंदगी के कश्मकश में,
बचपन को कहीं पीछे छोड़ आए हैं।
जो अरसा गुजार दिए मां बाप
हमें एक अच्छी जिंदगी देने के खातिर,
उन्हें वो उम्र लौटाने के लिए,
रोज अपने जा से
खुद लड़ रहे हैं।।